# 쓱쓱 싹싹

예쁘게 색칠도 하고 사라진 그림도 찾아 그려주세요

KB203004

사랑하는 _____ 에게 _____ 가 드립니다

하늘
기획

아기 예수님은 베들레헴의 초라한 마구간에서
태어나셨어요.

4

어린 예수님은 성전에서 여러 선생님과
하나님의 말씀에 대해 듣고 묻는 것을 좋아하셨어요.

어린 예수님은 아버지 요셉을 도와 목수 일을 잘 했어요.
엄마 마리아를 도와 동생들도 잘 돌봤었어요.

8

예수님은 하나님의 명령을 따르기 전에 마귀로부터 시험을 당하셨어요.
하지만 예수님은 하나님의 말씀을 가지고 승리하셨어요.

10

예수님은 요한에게 세례를 받았어요.
예수님이 세례를 받으실 때 성령이 비둘기 같이 예수님의 머리위에 내려 오셨어요.

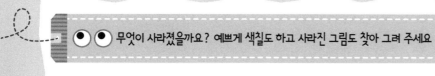 

12

예수님은 열두 명의 제자을 모으셨어요.
열두 명의 제자는 모든 것을 버리고 예수님을 따랐어요.

예수님은 병든 사람, 귀신들린 사람을 깨끗하게 고쳐주셨어요.
그래서 많은 사람들이 예수님을 좋았어요.

16

예수님은 어린이를 정말 사랑하셨어요.
어린아이와 같지 않으면 천국에 들어갈 수 없다고 말씀하셨어요.

18

천국에 대한 많은 것들을 알려 주시고
천국에 들어가는 길은
오직 예수님만 따르는 길이라고
가르쳐 주셨어요.

그런데 예수님을 싫어하는 사람들이 있었어요.
서기관들과 바리새인들이에요.

22

예수님은 모든 사람을 사랑하셨어요.
하지만 서기관과 바리새인은 자기들을 미워한다고 생각했어요.

예수님의 제자 가룟 유다는 대제사장과 성전 경비대장을 만나러 갔어요.
가룟 유다는 은 30개에 예수님을 팔았어요.

26

예수님은 군인들에게 이끌려 재판을 받게 되었어요.

28

예수님은 죄가 없으셨지만 모든 사람의 죄를 대신 지셨어요.
그리고 십자가에서 죽으셨어요.

30

예수님은 죽으신지 삼일 만에
무덤에서 살아 나셨어요.
예수님은 성령으로 우리와
늘 함께 하신다고 약속 하셨어요.

예수님의 제자는 모두 몇 명일까요?                    .................... 명